BURN AFTER WRITING

Après la lecture de ce livre, poursuivez votre voyage
avec ce livre (en anglais) de la même auteure :
This is What My Soul Looks Like:
The Burn After Writing Sequel

Titre original : *Burn After Writing*
Publié pour la première fois en 2014 au Royaume-Uni
par Carpet Bombing Culture.

Traduit de l'anglais par Véronique Dumont.

ISBN : 978-2-84933-621-2

Achevé d'imprimer en France en mars 2021
par la Nouvelle Imprimerie Laballery à Clamecy (58)
Dépôt légal : février 2021 - N° d'impression : 103284

www.editions-tredaniel.com
info@guytredaniel.fr
www.facebook.com/editions.tredaniel
@editions_contre_dires

Sharon Jones

BURN AFTER WRITING

Deuxième édtition

Éditions **CONTRE-DIRES**
19, rue Saint-Séverin
75 005 Paris

Le stylo est bien plus puissant que le clavier

Chaque écriture est unique – unique comme le sont une empreinte digitale, une voix ou une trace de pas. Chaque écriture en dit autant sur la personne elle-même que sur l'intention qu'elle met dans ses propos. Vous vous livrez entièrement lorsque vous utilisez un stylo sur une feuille de papier.

À l'ère de la reproduction illimitée et instantanée, seul l'unique est encore beau. Croyez-vous que vos descendants liront un jour votre *timeline* sur Facebook ?

Conservez quelque chose pour le monde réel, qui reste, après tout, le seul endroit où nous pouvons vraiment être nous-mêmes. Écrivez quelque chose de beau à la main et vous pouvez être sûr que cela durera pour l'éternité.

EN QUELQUES MOTS

Ce livre vous offre l'opportunité de vous confronter aux grandes questions de la vie.

Qui êtes-vous aujourd'hui ? Comment en êtes-vous arrivé là ? Où allez-vous ?

Burn After Writing propose des questions introspectives, des jeux d'esprit, des expériences de réflexion et des devoirs, le tout sur votre sujet préféré : vous-même.

Amusez-vous avec, ou prenez-le trop au sérieux, ou les deux. C'est vous qui décidez.

Mais, lorsque vous en aurez fini avec ce journal intime, assurez-vous de l'enterrer, de le cacher, de l'enfermer quelque part et de vous enfuir… Ou brûlez-le après l'avoir écrit.

Dans une société où nous partageons tout,
Burn After Writing va à contre-courant
et vous invite à ne rien partager.

BIENVENUE DANS « VOTRE » LIVRE

Ce livre est votre Dossier Noir. Dissimulé dans votre tiroir secret. Il n'existe que pour vos yeux. Il est un espace où vous révélez librement votre vérité, sans vous préoccuper de l'opinion ou du jugement des autres, le seul lieu où vous pouvez vous permettre de laisser tomber les masques.

Ce livre est une interview réalisée avec vous-même, une expérience de pensée radicale dans laquelle vous êtes à la fois le thème et la réponse.

En tant qu'adultes, nous apprenons à nous concentrer sur notre représentation afin de plaire aux autres. Pourquoi ne pas délaisser un instant cette attitude ? Prenez le temps de vous asseoir, savourez un café et, à la douce lumière d'une lampe, répondez aux questions de ce livre.

Certains éléments sont aussi aléatoires que les motifs formés par des feuilles de thé dans une tasse, d'autres plus intentionnels, pour vous amener à découvrir des facettes de votre personnalité jusqu'alors inconnues.

L'heure est venue de jouer à action ou vérité avec vous-même. Jusqu'à quel point parviendrez-vous à être honnête alors que vous êtes le seul participant ?

ATTENTION

Si vous ne vous livrez pas avec sincérité et honnêteté, vous n'avancerez pas dans la découverte de vous-même. Vous ne pouvez pas simplement vous plonger dans ces pages avec insouciance et résignation. Vous devez auparavant vous initier aux règles de la B.A.W. (*Burn After Writing*).

Avant de commencer, tel le fou sur le point de s'élancer d'une falaise, marquez une pause et réfléchissez à ces valeurs sacrées.

- **Je répondrai sans faillir et avec honnêteté à toutes les questions.**
- **J'utiliserai la puissance de la magie aléatoire pour sélectionner la question la plus pertinente pour ma situation actuelle.**
- **Je me promènerai dans les couloirs de mon esprit et en ouvrirai toutes les portes closes.**

Si vous vous sentez prêt à vous engager dans ces valeurs nobles et audacieuses, alors vous êtes le bienvenu dans l'univers de la vérité et de la connaissance de soi. Recopiez la déclaration suivante à la main :

Je prête serment d'allégeance aux règles de B.A.W.

À présent, vous pouvez commencer. Soyez confiant.
Sélectionnez une page au hasard
(à moins que ce ne soit elle qui vous sélectionne...).

BURN AFTER WRITING

LA VÉRITÉ

Vous ne pouvez pas vous cacher de la vérité, mais vous pouvez certainement vous cacher de vous-même.

On dit que l'artiste est celui qui a recours aux mensonges pour dire la vérité. Une chose est sûre, il est impossible de dire toute la vérité, surtout lorsque vous êtes le thème de vos écrits.

Parfois, le mensonge réside dans l'omission. Parfois, il est une affabulation. Il comprend toujours une part de fiction, qui n'est liée ni au langage écrit ni au langage oral mais au vaste écart entre le mot et l'instant vécu.

Quelle sera votre part d'honnêteté lorsque vous répondrez à ces questions ? Quelle sensation induira l'aveu de la vérité ?

Je suppose que la véritable question est la suivante : comment se distinguer clairement à travers son propre regard, le plus souvent subjectif ?

Quelle que soit la manière dont vous choisissez d'utiliser ce livre, pensez à « la vérité » avant d'écrire votre réponse.

Ainsi, peut-être saurez-vous si vous mentez ou non.

Vous ne pouvez pas
regarder une chose sans la changer,
vous ne pouvez pas vous regarder
sans changer.

LE PASSÉ

S'il est impossible de modifier le passé, nos souvenirs ne sont jamais deux fois les mêmes. Chaque fois que l'un d'eux ressurgit, nous le revivons selon une nouvelle perspective.

Nous réinventons toujours notre histoire afin de répondre à nos besoins actuels. Pourquoi ne pas tenter le contraire aujourd'hui ? Découvrez de nouvelles trames dans les fragments de votre passé, qui recréent votre relation au présent. Si cette distraction ludique n'a pas de règles, il en existe de nombreuses que vous seul connaissez. Que le jeu commence !

Mon premier souvenir

Enfant, je rêvais de devenir

Ce qui me manque le plus lorsque je me tourne vers le passé

Mon enfance décrite en un mot

Les affiches qui ornaient le mur de ma chambre lorsque j'étais enfant

L'acte bienveillant que je n'oublierai jamais

Les personnages historiques que j'admire

MES PREMIÈRES FOIS

Inoubliable, éphémère et bouleversante, chaque première fois est un séisme de l'âme. Mais de cette tempête, souvent marquée par la maladresse et la passion, naît l'individu fascinant et résilient que vous êtes aujourd'hui. Notre tragédie est de toujours espérer que ces premiers instants perdurent à jamais.

MES PREMIÈRES FOIS

Mon premier ami: ....

Mon premier amour: ....

Mon premier CD: ....

Mes premières vacances à l'étranger: ....

Mon premier emploi: ....

Ma première voiture: ....

Mon premier concert: ....

Ma première école: ....

Mon premier baiser: ....

Mon premier professeur: ....

Ma première boisson alcoolisée: ....

À quand remonte votre dernière «première fois»?

REGARDER EN ARRIÈRE

Promenez-vous dans le jardin
de votre mémoire et les brumes
de votre passé. Chacun se complaît
à évoquer le bon vieux temps…

À un moment, au cours de mon enfance, mes amis et moi avons joué ensemble pour la toute dernière fois, sans qu'aucun de nous n'ait conscience que c'était justement la toute dernière fois.

Si je pouvais revenir en arrière, ils seraient là

....

....

....

....

....

....

....

....

....

....

....

....

....

....

....

Et nous serions ici

....

....

....

....

....

....

....

La musique que j'aimais écouter lorsque j'étais enfant

....

....

....

....

Le premier achat réalisé avec mon argent personnel

....

....

....

....

....

....

....

....

L'âge auquel je suis devenu adulte

....

....

....

....

....

....

La personne qui a eu la plus grande influence sur ma vie

....

....

....

....

....

....

....

La personne que j'ai le plus aimée au monde

La chose la plus difficile que j'ai jamais réalisée

Si je pouvais tout recommencer, je changerais

La première chanson dont je me souvienne

....

....

....

....

....

....

....

....

....

Les choses que je collectionnais enfant

....

....

....

....

....

Mes rêves lorsque j'étais enfant

....

....

....

....

....

....

....

Le professeur qui a eu le plus grand impact sur ma vie

....

....

....

....

Mes parents étaient

....
....
....
....
....
....
....
....
....
....

Mon premier animal de compagnie

....
....

Mon meilleur ami d'enfance

....
....

Un bien perdu de mon enfance que j'adorerais retrouver

....
....
....
....
....
....
....
....
....
....
....

Mon seul regret

Les choses dont j'étais dépendant

Ce qui me rendait le plus heureux

Le livre qui a le plus influencé ma vie

....

....

....

....

....

....

La chose la plus folle que j'ai jamais accomplie

....

....

....

....

....

....

....

....

....

....

....

....

La croisée des chemins la plus importante de ma vie

....

....

....

....

....

....

....

....

3 choses que je suis heureux d'avoir tentées mais que je ne referai jamais

1 : ....

2 : ....

3 : ....

Je ne pardonnerai jamais

Les 5 meilleurs moments de ma vie

1 : ....

2 : ....

3 : ....

4 : ....

5 : ....

5 choses dont j'ai toujours rêvé mais que je n'ai jamais faites

1 : ....

2 : ....

3 : ....

4 : ....

5 : ....

La dernière fois que j'ai dit « je t'aime »

....

....

....

....

....

....

....

....

....

....

....

....

Les personnes qui me manquent

....

....

....

....

....

....

....

....

....

Ma plus grande peine de cœur

Mon choix le plus judicieux lorsque j'étais adolescent

Je me sens coupable de

Les personnes que j'aurais aimé ne jamais avoir rencontrées

L'histoire de ma vie en 3 phrases

1 : ....

....

....

2 : ....

....

....

3 : ....

....

....

Mes bagages, ce qui me reste de négatif de mon passé

....

....

....

....

....

....

....

....

....

....

....

....

....

....

....

....

....

....

....

MES PRÉFÉRENCES

De temps à autre,
quelque chose se produit qui vous foudroie
et que vous n'oublierez jamais.
Vous avez la sensation d'avoir enfin été compris,
comme si quelqu'un avait plongé dans votre âme
et écrit cette chanson exclusivement pour vous.
Ces moments privilégiés grandissent avec vous
et enrichissent votre vie.

MES PRÉFÉRENCES

LE TOP 5 (DE TOUS LES TEMPS)

TOP 5 DES GROUPES

1 : ....

2 : ....

3 : ....

4 : ....

5 : ....

TOP 5 DES ALBUMS

1 : ....

2 : ....

3 : ....

4 : ....

5 : ....

TOP 5 DES CHANSONS

1 : ....

2 : ....

3 : ....

4 : ....

5 : ....

LE TOP 5 (DE TOUS LES TEMPS)

TOP 5 DES CONCERTS

1 : ....

2 : ....

3 : ....

4 : ....

5 : ....

TOP 5 DES LIVRES

1 : ....

2 : ....

3 : ....

4 : ....

5 : ....

TOP 5 DES FILMS

1 : ....

2 : ....

3 : ....

4 : ....

5 : ....

LE TOP 5 (DE TOUS LES TEMPS)

TOP 5 DES ENDROITS DANS LE MONDE

1 : ....

2 : ....

3 : ....

4 : ....

5 : ....

TOP 5 DES VILLES

1 : ....

2 : ....

3 : ....

4 : ....

5 : ....

TOP 5 DES EXPÉRIENCES LES PLUS EXTRAORDINAIRES

1 : ....

2 : ....

3 : ....

4 : ....

5 : ....

LE TOP 5 (DE TOUS LES TEMPS)

TOP 5 DES PERSONNES « NORMALES »

1 : ....

2 : ....

3 : ....

4 : ....

5 : ....

TOP 5 DES CÉLÉBRITÉS

1 : ....

2 : ....

3 : ....

4 : ....

5 : ....

TOP 5 DES GÉNIES CRÉATIFS

1 : ....

2 : ....

3 : ....

4 : ....

5 : ....

Si je pouvais passer 48 heures avec quelqu'un (vivant ou mort), ce serait

Qu'est-ce que l'ado que j'étais à 16 ans penserait de la personne que je suis aujourd'hui ?

Si j'avais pu choisir de vivre à une époque, j'aurais aimé que ce soit

Les 3 dernières années de ma vie décrites en 3 mots

1 : ....

2 : ....

3 : ....

Les 3 choses que j'ai accomplies au cours des 12 derniers mois dont je suis le plus fier

1 : ....

2 : ....

3 : ....

Le moment le plus déterminant de ma vie

....

....

....

....

....

....

....

....

....

....

....

Je suis hanté par

....

....

....

....

....

....

....

....

....

....

....

5 événements marquants qui ont fait de moi la personne que je suis aujourd'hui

1 : ....

2 : ....

3 : ....

4 : ....

5 : ....

Mon souvenir d'enfance favori

....

....

....

....

....

....

....

....

....

....

....

....

....

....

....

....

....

....

....

....

....

....

Le choix le plus difficile que j'ai jamais eu à faire

La chose la plus stupide que j'ai jamais réalisée

QUESTIONS ÉCLAIRS

J'ai déjà

- ☐ Été amoureux
- ☐ Raté mon permis de conduire
- ☐ Sauté en parachute
- ☐ Eu un os cassé
- ☐ Remporté un trophée
- ☐ Appris une langue étrangère
- ☐ Été en thalasso
- ☐ Embrassé quelqu'un et regretté mon geste
- ☐ Fumé un cigare
- ☐ Été dans une ambulance
- ☐ Repoussé quelqu'un
- ☐ Volé en hélicoptère
- ☐ Rencontré une personne célèbre
- ☐ Écrit mon testament
- ☐ Lu l'historique Internet de mon amoureux (ou amoureuse)
- ☐ Appris les paroles de l'hymne national
- ☐ Été parrain
- ☐ Enterré quelqu'un
- ☐ Été marié
- ☐ Pris une douche avec quelqu'un
- ☐ Donné mon sang
- ☐ Mémorisé un poème
- ☐ Brisé un objet coûteux
- ☐ Envisagé une chirurgie esthétique
- ☐ Sauté à l'élastique
- ☐ Subi une chirurgie esthétique
- ☐ Dansé avec ma mère/mon père
- ☐ Sauté d'un grand plongeoir
- ☐ Plongé d'un grand plongeoir
- ☐ Suivi un régime
- ☐ Eu un ami invisible
- ☐ Été témoin/demoiselle d'honneur
- ☐ Été en couple deux fois avec la même personne
- ☐ Remporté une compétition
- ☐ Supprimé mon historique Internet
- ☐ Fait un discours devant un public

QUESTIONS ÉCLAIRS

J'ai déjà

- ☐ Passé la nuit dehors
- ☐ Été à une *blind date*
- ☐ Été massé
- ☐ Chanté dans un karaoké
- ☐ Contemplé le lever du soleil
- ☐ Contemplé le coucher du soleil
- ☐ Perdu au casino
- ☐ Simulé
- ☐ Cultivé mes aliments
- ☐ Changé un pneu de voiture
- ☐ Embrassé un inconnu
- ☐ Été à la télévision
- ☐ Donné de l'argent à un mendiant dans la rue
- ☐ Divorcé
- ☐ Écrit une lettre d'amour
- ☐ Gravi une montagne
- ☐ Eu un coup de cœur pour une personne du même sexe
- ☐ Suivi deux fois un régime
- ☐ Envoyé un message dans une bouteille
- ☐ Été capable de raconter au moins une bonne plaisanterie
- ☐ Travaillé pour le salaire minimum
- ☐ Trompé quelqu'un
- ☐ Remporté un pari
- ☐ Écrit un poème
- ☐ Joué sur scène
- ☐ Tiré avec une arme à feu
- ☐ Assisté à une réunion d'école
- ☐ Été DJ
- ☐ Été sur un taureau mécanique
- ☐ Suivi une formation aux premiers secours
- ☐ Sauvé la vie de quelqu'un
- ☐ Brisé le cœur de quelqu'un
- ☐ Fait du bénévolat
- ☐ Menti à un policier
- ☐ Appris un tour de carte
- ☐ Obtenu un diplôme
- ☐ Eu un correspondant
- ☐ Été debout 24 heures d'affilée
- ☐ Parrainé un enfant
- ☐ Fait le grand écart
- ☐ Menti à un médecin
- ☐ Été remarié
- ☐ Été inscrit comme donneur d'organe
- ☐ Consulté un voyant

CE QUE J'AI APPRIS AU FIL DU CHEMIN…

MES AVEUX

*Rien n'éclaire mieux l'âme
que des aveux sincères.
Considérez ces pages
comme un confessionnal.*

MES AVEUX

LES PREMIÈRES ET LES DERNIÈRES FOIS

La première fois est mémorable et lourde de sens.
Elle est aussi riche de mille opportunités et de devenirs qui la rendent excitante. Mais qu'en est-il des dernières fois ?
Pensez à leurs lendemains et à leurs conséquences.
À leurs dénouements que, sur l'instant, vous ne pressentiez pas…

Le premier mot que j'utiliserais pour me décrire

....

La dernière fois que j'ai été heureux

....

La première chose que je ferais si j'étais à la tête du pays

....

La dernière chose à laquelle je pense avant de m'endormir

....

Mon premier amour

....

La dernière fois que j'ai pleuré

....

La première personne à laquelle je me confierais

....

La dernière personne sur laquelle je pourrais compter

....

La première fois que mon cœur s'est brisé

....

La dernière fois que j'ai dit « je t'aime »

....

La première personne que j'appellerais en cas de crise

....

La dernière fois que je me suis félicité

....

Ma première vraie relation

....

La dernière fois que j'ai fait quelque chose qui me tenait à cœur

....

La première fois que j'ai perdu un être cher

....

La dernière fois que j'ai échoué

....

La première fois que j'ai pensé avoir réussi

....

La dernière fois que j'ai connu un succès

....

La première chanson qui m'a ému

....

La dernière fois que j'ai dit « merci »

....

Mon premier coup de cœur

....

La dernière fois que j'ai été en colère

....

La première chose que je sauverais dans une maison en feu

....

La dernière fois que je me suis donné à 100 %

....

On ne vit qu'une seule fois.

LE PRÉSENT

C'est le moment où l'histoire se déroule. Celui qui embrasse chacune de ses facettes. Rien n'existe sans lui.

Tout le monde affirme qu'il faut vivre l'instant présent. Où en êtes-vous réellement ? Pour répondre, vous devez quitter le présent et rejoindre un espace de réflexion.

Vous devez arrêter le temps, descendre du train et regarder en arrière. La seule façon de voir le présent est de vous placer en dehors de lui. Mettez des mots sur vos sensations. Mettez sur pause votre subjectivité.

Découvrez dans le tumulte de l'instant les joyaux de la vérité pertinente.

Où en êtes-vous ? Aujourd'hui ?
Qui êtes-vous en ce moment précis ?

La plus grande inspiration de ma vie

....

....

....

....

....

Mon bien le plus précieux

....

....

....

....

....

Aujourd'hui, j'ai appris

....

....

....

....

....

....

....

....

Les choses que je devrais abandonner

....

....

....

....

....

....

....

Si on me donnait 5000 €, je les consacrerais à

La chanson qui me fait frissonner de plaisir

La chose que j'aimerais changer en moi

3 choses qui me tapent sur les nerfs en ce moment

1 : ....

2 : ....

3 : ....

Les 5 premières chansons qui passent quand j'active la lecture aléatoire

1 : ....

2 : ....

3 : ....

4 : ....

5 : ....

Si je pouvais converser avec un personnage historique aujourd'hui, ce serait

....

....

....

....

....

....

....

....

Ma citation de vie

....

....

....

....

....

....

....

La seule relation que j'aimerais améliorer

....

....

....

....

....

....

....

....

....

....

....

....

Ce qui me rend heureux

....

....

....

....

....

....

....

....

....

....

....

....

Si un génie m'accordait 3 vœux, ce serait

1 : ....

2 : ....

3 : ....

Le titre de mon autobiographie

Mes « petits plaisirs » préférés

Si je pouvais donner quelque chose à quelqu'un, ce serait

Ce qui me fait rire

J'envie secrètement

Actuellement, si je pouvais être n'importe où dans le monde, ce serait

Si je pouvais être une petite souris

Ma plus grande peur

CE QUE JE SUIS

Vivez-vous l'instant ou planifiez-vous l'avenir ?
Chacun semble posséder sa propre perception.

Écoutez. N'écoutez pas. Soyez là où vous êtes.
Soyez vous-même.

Tout le monde vous dit que ces jours
sont les meilleurs de votre vie.
La pression est immense !
Toutes ces personnes ont tort.
Soyez là où vous êtes.
Personne ne s'amuse plus que vous,
les autres ne font que prétendre.

CE QUE JE SUIS

Une chose importante sur laquelle je travaille

....

....

....

....

....

....

....

Ma personnalité en 6 mots

1 : ....

2 : ....

3 : ....

4 : ....

5 : ....

6 : ....

Si j'ignorais mon âge, je penserais avoir

....

....

....

Si je pouvais m'arrêter de vieillir, mon âge idéal serait

....

....

....

Si je pouvais aller dans le réfrigérateur maintenant et trouver quelque chose, ce serait

....

....

....

5 choses dont j'ai besoin

1 : ....

....

2 : ....

....

3 : ....

....

4 : ....

....

5 : ....

....

5 choses que je désire

1 : ....

....

2 : ....

....

3 : ....

....

4 : ....

....

5 : ....

....

SOYEZ HONNÊTE...

Soyez honnête.
Imaginez ce que dissimule le masque.
Y a-t-il quelque chose ?
Qui êtes-vous réellement ?

Je suis ....

Je ne suis pas ....

J'adore ....

Je déteste ....

J'ai ....

Je n'ai jamais ....

J'aime bien ....

Je n'aime pas ....

J'aime ....

Je hais ....

SOYEZ HONNÊTE...

J'ai besoin ....

Je veux..

Je peux..

Je ne peux pas ....

Je suis toujours...

Je ne suis jamais ....

Je suis plutôt doué pour...

Je suis mauvais..

Je veux plus...

Je veux moins ....

Je ne peux jamais respecter

Si je pouvais changer mon prénom, j'aimerais m'appeler

Si je devais être dans une émission télévisée, ce serait

Si je pouvais enfermer une personne et la tourmenter pendant toute une journée, ce serait

La seule chose pour laquelle je peux dépenser de l'argent sans réfléchir

Si j'avais une machine à laver le cerveau, je l'utiliserais sur

La première chanson qui me vient à l'esprit

La somme qui me suffirait si je gagnais au loto

Si je pouvais décrocher mon téléphone maintenant et appeler une personne, vivante ou décédée, ce serait

JE SUIS

*Sur chaque ligne,
entourez l'une des deux caractéristiques qui,
selon vous, définit le mieux votre personnalité.*

Inquiet *ou* Calme

Étroit d'esprit *ou* Ouvert

Intrépide *ou* Prudent

Préoccupé *ou* Insouciant

Privilégie la vue d'ensemble *ou* Le détail

Combatif *ou* Décontracté

Rapide *ou* Lent

Détendu *ou* Impatient

Introverti *ou* Extraverti

LE DERNIER MOT

Des instants éphémères
emportés par le vent s'envolent devant vos yeux.
Pouvez-vous les saisir comme Monsieur Miyagi
saisit une mouche en plein vol à l'aide
de ses baguettes dans Karaté Kid
(la version originale, pas le remake)?

Mon dernier film: ....

Mon dernier livre: ....

Mon dernier concert: ....

La dernière fois que j'ai pleuré: ....

La dernière chanson que j'ai écoutée: ....

La dernière fois que j'ai eu peur: ....

La dernière fois que j'ai dansé: ....

La dernière fois que j'ai été en colère: ....

La dernière fois que j'ai ri: ....

La dernière fois que j'ai été ivre: ....

J'ai besoin de pardonner

....

....

....

....

....

Si je pouvais réparer une erreur

....

....

....

....

La seule compétence que j'aimerais posséder

....

....

....

....

....

Si j'étais exilé dans un pays étranger pour le reste de ma vie, j'aimerais que ce soit

....

....

....

Ma recette infaillible pour guérir un cœur brisé

....

....

....

....

....

Les 3 meilleurs repas que j'ai jamais concoctés

1 : ....

....

2 : ....

....

3 : ....

....

Si je devais sacrifier l'un de mes proches pour sauver le monde, ce serait

....

....

....

....

....

....

....

....

....

....

....

....

....

....

Si ma maison brûlait, les 3 biens que j'emporterais

1 : ....

....

2 : ....

....

3 : ....

....

UN MOT…

Pensez rapidement. Mieux encore, ne pensez pas. Contournez vos filtres mentaux et allez droit au but. Ne vous arrêtez pas, ne réfléchissez pas et ne critiquez pas. Si vous pouviez exprimer vos désirs en un seul mot…

Mon métier: ....

Mon partenaire: ....

Mon corps: ....

Ma vie amoureuse: ....

Mon refuge: ....

Ma peur: ....

Mon enfance: ....

Mon addiction: ....

Ma passion: ....

Ma faiblesse: ....

Mon regret: ....

UN MOT...

Ce qui me stimule: ....

Ce qui me décourage: ....

Mon héros: ....

Mon avenir: ....

Mon fantasme: ....

Mon talon d'Achille: ....

Ma culpabilité: ....

Ma plus grande vertu: ....

Mon vice: ....

Le résultat est plus grand que la somme de ses parties:

______________ + ______________ + ______________ = Famille

______________ + ______________ + ______________ = Amour

______________ + ______________ + ______________ = Vie

Si j'observe la vie de mes amis, celui qui, selon moi, est dans le vrai

Si je pouvais télécharger 3 langues dans mon cerveau (sans aucun effort), je choisirais

Si je pouvais ramener une personne d'entre les morts, ce serait

Le plus gros gaspillage d'énergie dans ma vie actuellement

Les personnes que j'adorerais frapper

Si je pouvais remonter le temps et assister à un événement historique, ce serait

....

....

....

....

....

....

....

Ce que j'estime tabou, ce dont j'ai du mal à parler y compris avec des amis proches

....

....

....

....

....

....

Les personnes à qui je devrais pardonner

....

....

....

....

....

....

....

....

....

....

....

LES PERSONNES QUI COMPTENT À MES YEUX

LES LIEUX QUI COMPTENT À MES YEUX

Ce que j'estime ridicule

....

....

....

....

....

....

....

....

....

....

....

Si je pouvais faire disparaître à jamais quelque chose, ce serait

....

....

....

....

....

....

....

....

....

....

....

Mes parents en 5 mots

1 : ....

2 : ....

3 : ....

4 : ....

5 : ....

La personne responsable de ma plus grande blessure

Si on me donnait 10000 €, à condition de ne pas pouvoir les garder pour moi-même, je ferais

Ce que je désire le plus ardemment aujourd'hui

Le seul mot que j'utiliserais pour décrire ma relation avec ma mère

Le seul mot que j'utiliserais pour décrire ma relation avec mon père

Si je pouvais réaliser un film hollywoodien sur l'histoire de ma vie, il aurait pour titre

....

....

....

....

Et le casting serait

____________________ dans mon rôle

____________________ dans le rôle de____________________

____________________ dans le rôle de____________________

____________________ dans le rôle de____________________

____________________ dans le rôle de____________________

____________________ dans le rôle de____________________

____________________ dans le rôle de____________________

La musique du générique d'ouverture du film de ma vie

....

....

....

....

La musique pour la scène principale de mon film

....

....

....

....

La musique du générique de fin

....

....

....

La religion en 3 mots

1 : ....

2 : ....

3 : ....

Si je devais monter sur scène dans un karaoké bondé, je chanterais

....

....

....

Si je devais organiser un dîner et pouvais inviter trois personnes (décédées ou vivantes), ce serait

....

....

....

....

....

....

Les noms complets de mes enfants (qu'ils soient nés ou pas encore)

....

....

....

....

Un seul mot pour décrire ma vie sentimentale actuelle

....

....

....

....

CE QUI A DU SENS

MES QUALITÉS

Soyez honnête.
Vous jugez ceux que vous rencontrez.
Nous le faisons tous.
Que diriez-vous si, pour changer,
vous vous jugiez vous-même ?

Honnêteté	1	2	3	4	5	6	7	8	9	10
Générosité	1	2	3	4	5	6	7	8	9	10
Indulgence	1	2	3	4	5	6	7	8	9	10
Bonheur	1	2	3	4	5	6	7	8	9	10
Loyauté	1	2	3	4	5	6	7	8	9	10
Singularité	1	2	3	4	5	6	7	8	9	10
Humour	1	2	3	4	5	6	7	8	9	10
Intelligence	1	2	3	4	5	6	7	8	9	10
Complaisance	1	2	3	4	5	6	7	8	9	10
Talent	1	2	3	4	5	6	7	8	9	10
Confiance	1	2	3	4	5	6	7	8	9	10
Humilité	1	2	3	4	5	6	7	8	9	10
Amour	1	2	3	4	5	6	7	8	9	10
Tolérance	1	2	3	4	5	6	7	8	9	10
Spontanéité	1	2	3	4	5	6	7	8	9	10
Santé	1	2	3	4	5	6	7	8	9	10
Créativité	1	2	3	4	5	6	7	8	9	10
Tendance et mode	1	2	3	4	5	6	7	8	9	10

J'en ai assez d'entendre parler de

....

....

....

....

Si personne ne regardait, je ferais

....

....

....

....

Le bien le plus précieux que je possède

....

....

....

Mon plaisir le plus coupable

....

....

....

Si je pouvais faire disparaître quelque chose aujourd'hui, ce serait

....

....

....

Ma compétence secrète

....

....

....

....

Le titre de la chanson qui décrit le mieux ma vie

....

....

....

....

S'il me restait deux semaines à vivre, je ferais

....

....

....

....

....

....

La chose que je fais et que je souhaiterais pouvoir arrêter

....

....

....

....

Si je pouvais changer quelque chose dans le monde actuel, ce serait

....

....

....

....

Ce qui m'inquiète

....

....

....

....

ASSOCIATION DE MOTS

Quand je dis « vie », que répondez-vous ?
Ne réfléchissez pas, écrivez simplement
le premier mot qui vous vient à l'esprit.
Laissez votre subconscient s'exprimer.
Vous risquez d'être surpris
par ce que vous découvrirez sur vous-même
grâce au pouvoir magique de l'inconnu.

Vie : ....

Travail : ....

Confiance : ....

Renommée : ....

Pardon : ....

Faiblesse : ....

Mort : ....

Discipline : ....

Mensonges : ....

Tristesse : ....

Passé : ....

Excès : ....

Haine : ....

Innocence : ....

Victime : ....

Regret : ....

Mère : ....

Religion : ....

Domination : ....

Amour : ....

Famille : ....

Sacrifice : ....

Âge : ....

Honnêteté : ....

Guerre : ....

Succès : ....

Luxure : ....

Peur : ....

Maison : ....

Avenir : ....

Échec : ....

Humour : ....

Envie : ....

Honnêteté : ....

Les 3 personnes dont je suis le plus proche (décrites en 3 mots)

....

1 : ....

2 : ....

3 : ....

....

1 : ....

2 : ....

3 : ....

....

1 : ....

2 : ....

3 : ....

5 choses que j'adore détester

1 : ....

2 : ....

3 : ....

4 : ....

5 : ....

La plus belle chose que j'ai jamais faite et que tout le monde ignore

....

....

....

....

....

À la fin du jour, qui sera là pour moi

....

....

....

....

....

Sur une échelle de 1 à 10, où se situe mon bonheur actuel ?

1 2 3 4 5 6 7 8 9 10

Qu'est-ce qui me permettrait d'accéder à 10 ?

....

....

....

....

....

....

Mon secret le plus sombre

LA TRAME DE MA VIE

Lieu de naissance: ....

Frères et sœurs: ....

Résidence actuelle: ....

Classe sociale: ....

Profession: ....

Signe du zodiaque: ....

Parti politique: ....

Allergie: ....

Animal de compagnie: ....

Organisme caritatif: ....

Journal: ....

Magazine: ....

Boisson: ....

Petit déjeuner: ....

Entrée: ....

Plat principal: ....

Dessert: ....

Restaurant: ....

Bar: ....

LA TRAME DE MA VIE

Club: ....

Hôtel: ....

Vêtements: ....

Chaussures: ....

Voiture: ....

Téléphone: ....

Appareil photo: ....

Boulot idéal: ....

Abonnement: ....

Ordinateur: ....

Marque: ....

Magasin: ....

Aliments réconfortants: ....

Passion: ....

Passe-temps: ....

Équipe: ....

Jeu: ....

Site Web: ....

Programme TV: ....

LA FAMILLE, C'EST

LA FAMILLE, C'EST

Le conseil qui m'a été le plus profitable

....

....

....

....

....

Sur une échelle de 10, quel est mon degré de contrôle sur ma vie actuelle ?

1 2 3 4 5 6 7 8 9 10

Qu'est-ce qui me permettrait de parvenir à 10 ?

....

....

....

....

....

Le job de mes rêves

....

....

....

Ma nourriture préférée

....

....

....

Mon bien le plus précieux

....

....

....

Mon samedi soir parfait

Ce que j'ai souhaité à plusieurs reprises

Mon talent caché

Mes domaines d'incompétence

Le film que je pourrais regarder encore et encore

CE QUE JE PRÉFÈRE PAR-DESSUS TOUT

Chanson : ....

Album : ....

Concert : ....

Lieu : ....

Film : ....

Livre : ....

Groupe : ....

Artiste : ....

Vacances : ....

Ville : ....

Professeur : ....

Mot : ....

Programme TV : ....

INESTIMABLE

Ce que l'argent ne peut acheter…

MA NATURE SAUVAGE

Parfois, être déraisonnable est la meilleure chose à faire et, souvent, les personnes raisonnables sont tout simplement ennuyeuses. Pourquoi ? Nous l'ignorons, mais c'est ainsi.

Mes exploits :

- ☐ J'ai pris un bain de minuit
- ☐ J'ai été embarqué dans une voiture de police
- ☐ Je me suis drogué
- ☐ Je me suis saoulé
- ☐ J'ai participé à une bagarre
- ☐ J'ai assisté à la mort de quelqu'un
- ☐ J'ai fait la fête toute la nuit
- ☐ J'ai fumé des cigarettes
- ☐ J'ai été licencié
- ☐ J'ai eu des points de suture
- ☐ Je me suis fait tatouer
- ☐ J'ai simulé
- ☐ J'ai gâché une fête
- ☐ J'ai triché à un examen
- ☐ J'ai dansé au clair de lune
- ☐ J'ai séché des cours
- ☐ J'ai volé quelque chose
- ☐ J'ai assisté à un festival de musique
- ☐ J'ai atteint le septième ciel
- ☐ J'ai embrassé une personne du même sexe

MA NATURE SAUVAGE

- ☐ Je me suis fait faire un piercing
- ☐ Je me suis teint les cheveux
- ☐ J'ai embrassé un inconnu
- ☐ J'ai eu un *sex-friend*
- ☐ J'ai eu le cœur brisé
- ☐ Je suis sorti sans sous-vêtements
- ☐ J'ai mangé quelque chose de vivant
- ☐ J'ai eu des relations sexuelles en plein air
- ☐ J'ai subi une opération de chirurgie esthétique
- ☐ J'ai été expulsé d'un club
- ☐ J'ai manifesté
- ☐ J'ai trompé quelqu'un
- ☐ J'ai tiré avec une arme à feu
- ☐ Je me suis vengé
- ☐ J'ai fumé un cigare
- ☐ J'ai dépassé la limite de vitesse
- ☐ J'ai bu du champagne au goulot
- ☐ J'ai joué aux cartes pour de l'argent
- ☐ Je suis tombé amoureux de la mauvaise personne
- ☐ J'ai acheté des revues ou des films pornographiques
- ☐ Je me suis travesti
- ☐ J'ai fréquenté un club de strip-tease
- ☐ J'ai fait un canular téléphonique
- ☐ Je ne suis pas allé travailler
- ☐ J'ai tué un animal

Les 5 personnes que je voudrais remercier d'être elles-mêmes

1 : ....
....
....
....
....

2 : ....
....
....
....
....

3 : ....
....
....
....
....

4 : ....
....
....
....
....

5 : ....
....
....
....
....
....

Mes mantras et mes règles de vie

Où vais-je ?

L'AVENIR

Prédire l'avenir implique un certain aveuglement. Le problème est que, parfois, nous pouvons réaliser quelque chose comme nous l'avions prévu mais, d'autres fois, cela s'avère impossible. Même si notre intention est claire, les conséquences sont toujours largement imprévisibles. Fort heureusement, notre intention est rarement claire.

Où allez-vous ? Que traversez-vous ? Qu'en est-il d'aujourd'hui ? Soyez transparent. La question n'est pas de savoir où vous voulez aller ni même où vous rêvez d'aller. Regardez ce que vous faites réellement. Observez les schémas de votre vie quotidienne et anticipez en conséquence. N'oubliez pas de prendre ce chapitre au sérieux, il sera ainsi beaucoup plus ludique à relire dans dix ans.

À présent que vous avez mis le cap sur l'audace, larguez les amarres…

Mon avenir en 3 mots

1 : ....

2 : ....

3 : ....

Ce qui me passionne le plus

....

....

....

....

....

....

....

Ce qui me préoccupe le plus

....

....

....

....

....

....

....

Ma maison idéale

....

....

....

....

....

....

....

....

Le risque que je pourrais prendre si j'étais certain de ne pas échouer

....

....

....

....

....

....

....

....

....

....

La seule chose pour laquelle je serais prêt à mourir

....

....

....

....

....

....

....

....

....

....

3 choses auxquelles j'ai besoin de renoncer

1 : ....

....

2 : ....

....

3 : ....

....

? OU ?

Cet exercice surpasse le test de personnalité Myers Briggs. Souvenez-vous : ce qui compte dans ce monde superficiel n'est pas ce que vous êtes, mais ce que vous aimez.

Le voyage	*ou*	La destination
Les Rolling Stones	*ou*	Les Beatles
Mac	*ou*	PC
Vin	*ou*	Alcool fort
Riche	*ou*	Célèbre
BMW	*ou*	Mercedes
Sucré	*ou*	Salé
Dieu	*ou*	Le big bang
Pepsi	*ou*	Coca
Londres	*ou*	New York
Nike	*ou*	Adidas
Thé	*ou*	Café
Gay	*ou*	Hétéro
Film	*ou*	Musique
Été	*ou*	Hiver
Gauche	*ou*	Droite (vie politique)
Action	*ou*	Vérité
Spiritualité	*ou*	Religion
Réalité du changement climatique	*ou*	Fiction
Ville	*ou*	Campagne
Peine de mort	*ou*	Emprisonnement à vie
Hitchcock	*ou*	Spielberg
Connaître le futur	*ou*	Changer le passé
Las Vegas	*ou*	Paris

? OU ?

Art	*ou*	Sciences
Gloire	*ou*	Argent
Intelligence	*ou*	Beauté
Partir	*ou*	Rester
iPhone	*ou*	Samsung
Plus de temps	*ou*	Plus d'argent
Subway	*ou*	McDonald's
Regarder un film	*ou*	Lire un livre
John Lennon	*ou*	Paul McCartney
Liberté	*ou*	Sécurité
Montagne	*ou*	Plage
Créativité	*ou*	Savoir
Tatouage	*ou*	Piercing
The Wire	*ou*	*Les Sopranos*
Argent	*ou*	Apparence
Singularité	*ou*	Uniformité
Entrée	*ou*	Dessert
Aventure	*ou*	Relaxation
Téléphone	*ou*	SMS
Notoriété	*ou*	Créativité
Crémation	*ou*	Inhumation
Gagner est essentiel	*ou*	L'essentiel est de participer
Forme	*ou*	Fonctionnalité
Pensées	*ou*	Émotions
Lent	*ou*	Rapide
Optimiste	*ou*	Pessimiste
Réaliste	*ou*	Idéaliste
Tête	*ou*	Cœur

… Ou ni l'un ni l'autre

Ce que chacun devrait vivre au moins une fois dans sa vie

Le plus grand ennemi de l'avenir de l'humanité

Mes retrouvailles de rêve, ce serait avec

Si je pouvais prendre une année sabbatique, je ferais

La victoire à laquelle je travaille

Mon prochain défi

TOUT CE QUE J'AIMERAIS

J'aimerais apprendre : ....

J'aimerais aller : ....

J'aimerais essayer : ....

J'aimerais faire : ....

J'aimerais renoncer à : ....

J'aimerais étudier : ....

J'aimerais parler à : ....

J'aimerais voir : ....

J'aimerais apprendre à : ....

J'aimerais changer : ....

J'aimerais aider : ....

J'aimerais m'arrêter : ....

J'aimerais être : ....

Les 3 choses que j'ai mises de côté mais que je dois accomplir

....
....
....
....
....
....
....
....
....

Le seul principe de mon éducation que je ne réitérerai pas avec mes enfants

....
....
....
....
....
....
....
....

Le plus grand défi auquel le monde est confronté aujourd'hui

....
....
....
....
....
....
....
....

LE FUTUR

Jouez au jeu des pronostics !
Qu'attendez-vous du futur ?

L'APPEL DU FUTUR

Dans dix ans, je…

Conduirai un/une: ....

Me concentrerai sur: ....

Fêterai: ....

Vivrai dans: ....

Travaillerai comme: ....

M'intéresserai à: ....

Aurai besoin de: ....

Apprendrai à: ....

Serai un bon: ....

Prendrai ce sujet au sérieux: ....

M'amuserai avec: ....

Serai sur la voie de: ....

Serai toujours en contact avec: ....

Essayerai de trouver: ....

Serai heureux d'avoir laissé: ....

Serai expert en: ....

La liste des 10 endroits où j'aimerais me rendre avant de mourir

1 : ....

2 : ....

3 : ....

4 : ....

5 : ....

6 : ....

7 : ....

8 : ....

9 : ....

10 : ....

Les livres que j'ai envie de lire

1: ....

2: ....

3: ....

4: ....

5: ....

6: ....

7: ....

8: ....

9: ....

10: ....

MES CHANSONS/POÈMES PRÉFÉRÉS

MES CHANSONS/POÈMES PRÉFÉRÉS

Dans dix ans, je gagnerai ma vie en

....

....

....

Je voudrais prendre ma retraite à

....

....

....

Mon *road trip* idéal

....

....

....

....

....

....

....

Je dois libérer de la place pour

....

....

....

....

....

Je rêve de

....

....

....

....

....

Un texto que je n'enverrai jamais

Un souvenir que je ne partagerai jamais

Une lettre que j'aimerais envoyer

Une lettre que j'aimerais recevoir

Mes craintes en vieillissant

Si je pouvais passer les dernières heures de ma vie avec quelqu'un à faire n'importe quoi, ce serait

Si je pouvais être inhumé n'importe où, j'aimerais que ce soit

La chanson que j'aimerais que l'on joue à mes funérailles

Mon héritage

MA PLAYLIST

Ces chansons sont la bande originale de ma vie

1: ....

2: ....

3: ....

4: ....

5: ....

6: ....

7: ....

8: ....

9: ....

10: ....

MES ENGAGEMENTS AUJOURD'HUI

*Entourez vos engagements.
Puis ajoutez les vôtres !*

Dire non

Me pardonner mes erreurs

Ne rien regretter

Prioriser

Dormir davantage

Me gâter

Bouleverser les choses

Donner plus

Tomber amoureux

Assumer mes responsabilités

Accepter les critiques

Créer des œuvres d'art

Être moi

Travailler plus intelligemment mais pas davantage

Me faire moins de souci

Aider les autres

MES ENGAGEMENTS AUJOURD'HUI

Aimer davantage

Embrasser le changement

Ne pas détester

Écouter davantage

Tenter ma chance

Dire la vérité

M'affirmer

Être plus humble

Me détendre davantage

M'excuser

Me dérider

Bien manger

Sourire davantage

Voyager plus

Rêver en grand

Me sentir bien quoi qu'il arrive

Reconnaître le mérite, accepter les critiques

Être reconnaissant

LE FUTUR COMMENCE AUJOURD'HUI

Dans une semaine, je

....

....

....

....

....

Dans un mois, je

....

....

....

....

....

Dans un an, je

....

....

....

....

....

Dans dix ans, je

....

....

....

....

....

MES RÈGLES DE VIE

#1 ....

....

#2 ....

....

#3 ....

....

#4 ....

....

#5 ....

....

LA LISTE DE MES DÉSIRS

Rien n'est éternel, vous encore moins.
Laissez votre réflexion sur la mort stimuler votre désir de vivre. Lorsque la mort viendra, contemplez ce que vous avez réalisé. Offrez-vous un plaisir qui ravira votre regard au moment ultime.

Cochez les éléments de cette liste, puis créez la vôtre :

- ☐ Courir un semi-marathon
- ☐ Faire un triathlon
- ☐ Faire du ski/snowboard
- ☐ Faire du canoë
- ☐ Monter à cheval
- ☐ Apprendre une langue étrangère
- ☐ Jouer d'un instrument de musique
- ☐ Chanter dans une chorale
- ☐ Danser la salsa
- ☐ Voler en montgolfière
- ☐ Sauter en parachute
- ☐ Faire de la plongée sous-marine
- ☐ Faire du rafting dans des rapides
- ☐ Jouer aux échecs
- ☐ Faire de la poterie
- ☐ Peindre un tableau
- ☐ Écrire une nouvelle
- ☐ Résoudre le Rubik's Cube
- ☐ Faire du bénévolat/ Lever des fonds
- ☐ Créer ma propre entreprise
- ☐ Conduire une moto
- ☐ Écrire un livre
- ☐ Faire un don de sang
- ☐ Sauter à l'élastique
- ☐ Faire du camping
- ☐ Gravir une montagne
- ☐ Planter un arbre
- ☐ Voler en hélicoptère
- ☐ Tirer avec une arme à feu
- ☐ Partir en randonnée

- ☐ Donner à des associations caritatives
- ☐ Faire de l'escalade
- ☐ Apprendre à jongler
- ☐ Écrire mon testament
- ☐ Traire une vache
- ☐ Participer à un *flash mob*
- ☐ Apprendre un art martial
- ☐ Apprendre les soins de premiers secours
- ☐ Apprendre à voler
- ☐ Me faire tatouer
- ☐ Créer un blog
- ☐ M'inscrire à un club de gym
- ☐ Faire un gâteau
- ☐ Découvrir ma passion
- ☐ Apprendre à méditer
- ☐ Partir en *road trip*
- ☐ Essayer le yoga
- ☐ Apprendre à tricoter
- ☐ Être heureux

MA LISTE D'ENVIES

10 choses à faire avant de mourir

1: ....

2: ....

3: ....

4: ....

5: ....

6: ....

7: ....

8: ....

9: ....

10: ....

CE QUE J'AI MOINS ENVIE DE FAIRE

CE QUE J'AI PLUS ENVIE DE FAIRE

LA VIE, C'EST…

La liberté, c'est la possibilité de créer ses propres définitions.

La vie, c'est: ……………………………………………………………………

……………………………………………………………………………………

……………………………………………………………………………………

Les regrets, ce sont: ……………………………………………………………

……………………………………………………………………………………

……………………………………………………………………………………

Le succès, c'est: …………………………………………………………………

……………………………………………………………………………………

……………………………………………………………………………………

Les enfants, ce sont: ……………………………………………………………

……………………………………………………………………………………

……………………………………………………………………………………

La mort, c'est: ……………………………………………………………………

……………………………………………………………………………………

……………………………………………………………………………………

Le bonheur, c'est: ………………………………………………………………

……………………………………………………………………………………

……………………………………………………………………………………

LA VIE, C'EST...

L'amour, c'est: ....

....

....

La foi, c'est: ....

....

....

Le travail, c'est: ....

....

....

L'argent, c'est: ....

....

....

La paix, c'est: ....

....

....

La religion, c'est: ....

....

....

La politique, c'est: ....

....

LA SAGESSE QUE JE DÉSIRE TRANSMETTRE

*Imaginez que vous n'ayez plus
que dix minutes à vivre,
un stylo et un papier.
Vous pouvez transmettre un message
à vos enfants ou à un proche
pour leur offrir tout ce que vous avez appris.
Faites-leur ce don qu'ils pourront emporter
avec eux dans leur vie.
Qu'avez-vous à leur dire ?*

CE QUE JE SOUHAITE TRANSMETTRE

L'AMOUR, C'EST…

MON INSPIRATION

Tu m'inspires.
Tu me donnes envie d'intensifier ma vie.
Je brûle de grandir dans la direction
que tu m'as révélée.
Non pas pour te suivre
mais pour partir en quête
de ce que tu as cherché.

MON INSPIRATION

MON AMOUR

L'avenir: ....

....

Notre moment privilégié: ....

....

Notre chanson: ....

....

Notre ville: ....

....

5 CHOSES QUE J'AIME EN TOI

1: ....

....

2: ....

....

3: ....

....

4: ....

....

5: ....

....

MON AMOUR

Ce qui m'excite ....

....

Ce qui me décourage ....

....

1 chose que je changerais chez toi ....

....

Ma confession ....

....

5 CHOSES QUE TU FAIS QUI ME RENDENT FOU/FOLLE

1 : ....

....

2 : ....

....

3 : ....

....

4 : ....

....

5 : ....

....

MON AMOUR

Mon rendez-vous idéal

....

....

....

....

....

Là où tout a commencé

....

....

....

....

....

....

Ce que j'aime en toi

....

....

....

....

....

....

Je t'aimerais davantage si…

....

....

....

....

....

TU ES...

Sur chaque ligne,
entourez l'une des deux caractéristiques qui,
selon vous, définit le mieux la personnalité
de votre conjoint.

Inquiet	*ou*	Calme
Entêté	*ou*	Flexible
Audacieux	*ou*	Prudent
Morose	*ou*	Enjoué
Privilégie la vue d'ensemble	*ou*	Le détail
Compétitif	*ou*	Coopératif
Pessimiste	*ou*	Optimiste
Patient	*ou*	Pressé
Méfiant	*ou*	Confiant

LA LETTRE QUE J'ADRESSE À MON FUTUR MOI

LA LETTRE QUE J'ADRESSE À MON FUTUR MOI

MES PROJETS POUR L'AVENIR

LA CAPSULE TEMPORELLE

Répétez après moi…

Je ne suivrai pas… les ordres sans réfléchir.

Maintenant, oubliez ces mots et faites ce que je vous dis. Parce que je suis vous. Je suis la voix qui parle dans votre tête.

Lancez un dé ou ce que vous voulez. Mais prenez une décision.

Dans quelques années, vous relirez ce livre et referez ces exercices.

Vous irez alors à votre rencontre, comme dans ce rêve étrange que vous continuez de faire, mais dont le sujet est devenu tellement plus passionnant.

Félicitations, vous avez recherché la vérité ! Vous avez atteint la fin de votre quête. Vous avez appris à mieux vous connaître, pour le meilleur ou pour le pire. Et peut-être avez-vous réalisé que, chaque jour de votre vie, vous ne cessez de construire et de reconstruire votre « moi ».

Ou peut-être pas.

Ou peut-être…

À BRÛLER DÉSORMAIS ?